– Aucune, répondit Lisa.

– Tu as été attaquée par un crocodile qui avait une rage de dents ?

– Non !

– Alors, tu as peut-être rencontré un pirate qui t'a chatouillé les pieds pendant la nuit ! »

Aussitôt, grand-mère éclata de rire puis s'approcha de Lisa pour lui faire sentir la rose qu'elle venait de cueillir. Mais Lisa ne sourit même pas. Elle resta immobile, l'air furieux.

« Qu'est-ce que tu as ? Tu es fatiguée… commença la vieille dame.

– Non ! s'écria sa petite-fille.

– Allons, viens ! Entrons, j'ai une surprise pour toi !

– Non ! » cria Lisa, en s'asseyant sur les marches de l'escalier.

Restée seule, elle ne tarda pas à s'ennuyer. Une mouche se posa sur son bras que la petite fille chassa d'un geste vif. Des rires et des bribes de conversation lui parvenaient du salon, où sa mère et sa grand-mère prenaient le café.

Soudain, Lisa sentit comme une caresse contre son bras. Quelque chose de chaud, de doux… Quelque chose de petit comme une pelote de laine. Incroyable ! C'était un chaton !
« Comme tu es mignon ! » s'écria Lisa, oubliant sa mauvaise humeur.
À sa grande surprise, elle vit apparaître un deuxième chaton puis un autre, et encore un autre ! Quatre adorables boules de poils, suivis de Rita, la chatte de grand-mère, très fière de sa progéniture.
« Grand-mère ! appela Lisa. Rita a donné naissance à quatre chatons ! Nous allons tous les garder, n'est-ce pas ?
– Tiens, on dirait que tu as retrouvé ton vocabulaire ! ironisa sa mère.
– Et puis le sourire aussi » dit grand-mère.

Alors la maman de Lisa, qui aime bien les chansons, inventa celle-ci :

Ma Lisa
A quatre chatons
Tout doux, tout mignons,
Qui feront dodo en rond
Sur les coussins du salon.

Bisoubisou

Alexandre arrivait dans la cour de l'école. C'est un gentil garçon mais il a une manie : celle d'embrasser les filles. N'aimant pas trop ça, elles l'ont surnommé Bisoubisou.
« Voilà Bisoubisou ! Vite, sauvons-nous ! »
Aude a expliqué à ses copines que, d'après sa grand-mère, on pouvait attraper des maladies en s'embrassant. Alors, elles faisaient tout pour éviter le pauvre Alexandre.
Frédéric, le copain d'Alexandre, aimait bien taquiner son ami :
« Alors dis-moi, combien de bisous as-tu fait aujourd'hui ?

– Aucun ! Mais nous ne sommes que le matin. Cela peut encore changer ! Pose-moi de nouveau la question à midi, et tu verras ! »

Bisoubisou s'engouffra dans l'escalier qui conduisait à sa classe.

« Quelle est la fille que tu préfères embrasser ? lui demanda Mathias en lui emboîtant le pas.

– Ça, c'est top secret ! »

À la récréation, Frédéric et Mathias s'approchèrent de Bisoubisou.

« Alors, combien de bisous, aujourd'hui ?

– Zéro ! Pas un seul ! Les filles de la classe me fuient ! répondit-il d'une voix triste.

– C'est bizarre ! Que se passe-t-il ? s'étonna Mathias.

– Elles me repoussent ! Je me demande bien pourquoi. Béatrice m'a même donné une gifle !

– Ne t'en fais pas ! dit Frédéric qui cherchait à consoler son camarade. Après tout, ce n'est pas très important !

– Mais si, pour moi, c'est très important ! Jusqu'ici, elles voulaient bien ! Et maintenant, tout a changé. Quand j'arrive, elles partent en courant ! Je suis sûr que c'est Aude, cette peste, qui leur a dit quelque chose sur moi !

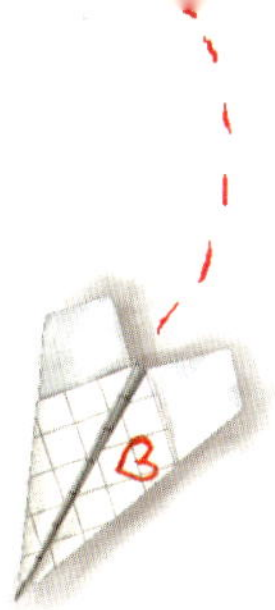

Comment je vais faire maintenant pour donner un baiser à Béatrice, moi ?

– Ah, je vois ! lança Mathias. Le secret, c'est elle ! »

Bisoubisou ne répondit pas et Mathias comprit qu'il avait bien deviné.

« Bon, assez discuté ! dit Frédéric. Allez, on va jouer ! »

Mais Bisoubisou demeurait là, sans bouger. Mathias décida de rester près de son ami.

« Les bisous, c'est comme les mots, murmura Bisoubisou. Mais ils ont beaucoup plus de valeur... Ils veulent dire davantage de choses !

– Des choses que tu voudrais dire à Béatrice, par exemple ? demanda Mathias.

– Ben oui ! Tu n'as jamais eu envie de donner un baiser à quelqu'un que tu aimes, toi ? » dit Bisoubisou en regardant Béatrice qui sautait à la corde un peu plus loin.

Soudain, Mathias saisit son ami par le bras :

« Écoute, je crois avoir trouvé la solution !

– Il n'y en a pas !

– Regarde. »

Mathias approcha la main de sa bouche, la renversa en tournant la paume vers le haut. Puis il déposa un baiser sur la paume et souffla dessus comme s'il voulait faire s'envoler une plume invisible…
« Qu'est-ce que tu fais ?
– C'est un baiser volant ! Ne me dis pas que tu vois ça pour la première fois ! Les baisers volants sont très précieux, crois-moi ! Beaucoup plus précieux que les baisers normaux ! Tu peux même en envoyer sans que personne ne s'en aperçoive !
– Mais oui ! Tu as raison ! s'exclama Bisoubisou. Comment n'y ai-je pas songé plus tôt ? »
Et il s'empressa d'envoyer un baiser volant à Béatrice.

Celle-ci ne s'aperçut de rien.
Depuis, Bisoubisou envoie des centaines de baisers volants. Du coup, les filles ne le fuient plus. Il semblerait même que Béatrice commence à s'intéresser à lui. Ce matin, elle lui a fait un bisou. Un vrai.

Jean-qui-perd-tout

Tous les mercredis après-midi, Jean joue au foot. Ce jour-là, il était très en retard.
« Dépêche-toi ! lui cria sa maman qui l'attendait devant la porte pour l'accompagner au stade. Qu'est-ce que tu fabriques ?
– J'arrive ! Maman, tu n'aurais pas vu mes chaussettes bleues, par hasard ?
– Ne me dis pas que tu les as encore perdues ! »

s'exclama sa mère en se précipitant dans la chambre de Jean. Ils regardèrent sous le lit, dans le coffre à jouets, dans l'armoire… Pas de chaussettes bleues !

« Tu n'as qu'à mettre les jaunes ! dit la maman de Jean, très en colère.

– Je voulais les bleues !

– Hé bien, tant pis ! Ça t'apprendra à ranger tes affaires ! Dépêchons-nous ! Tu vas arriver en retard. »

Elle prit Jean par la main et l'entraîna vers la voiture.

Très énervé, le petit garçon mit la radio à fond. À ce moment, une vieille chanson passait :

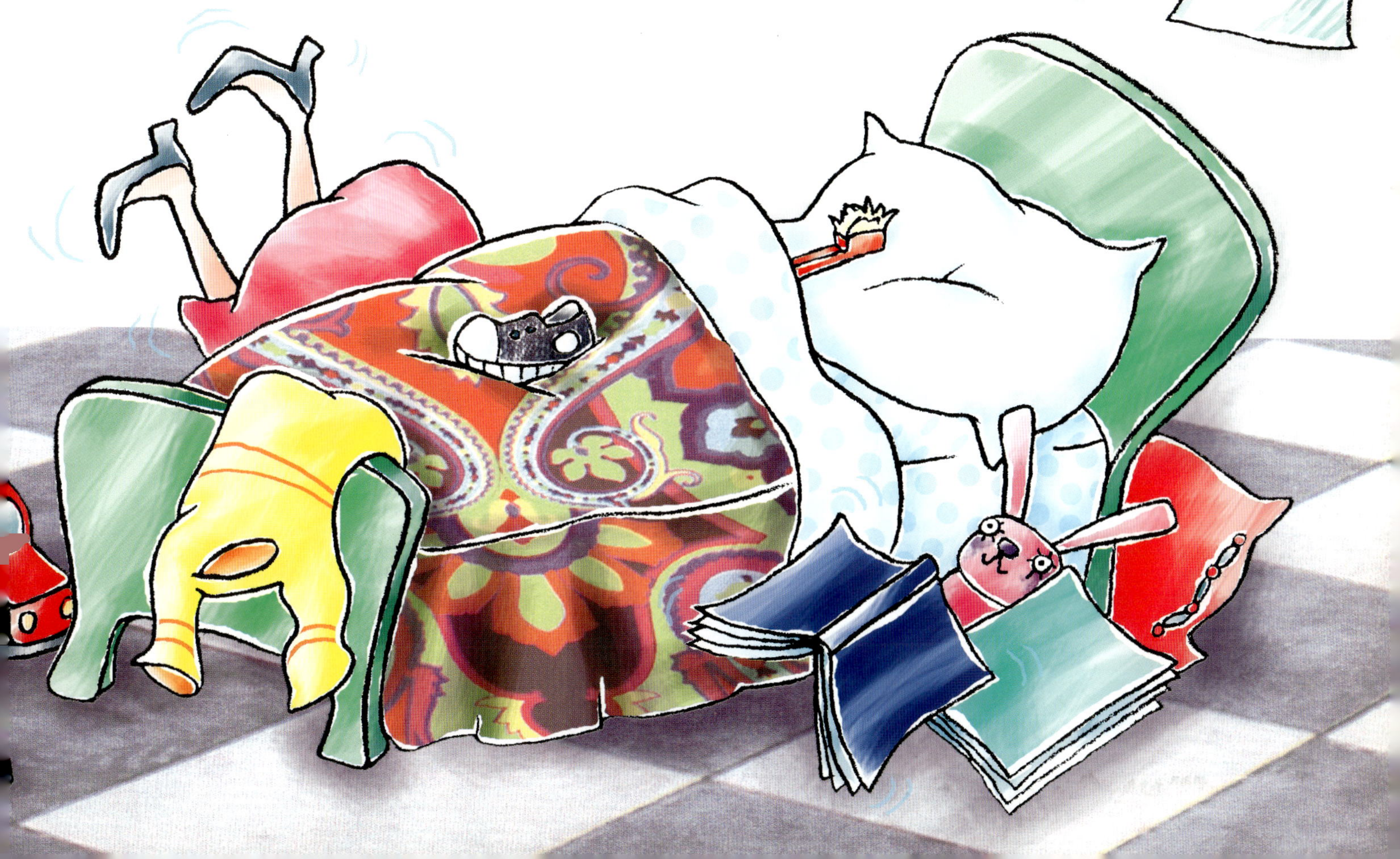

Je t'aime, mon amour !
Tu m'aimes, mon amour !
On s'aime, mon amour !
On s'aimera toujours !
Toujours !

« Mais, c'est pas vrai ! Ils ne vont pas nous remettre cette vieille rengaine complètement stupide ! grommela la maman de Jean. On l'entendait déjà quand j'avais ton âge ! » Crac ! Elle coupa la radio.

« Allez, cours vite ! lança-t-elle en arrêtant la voiture juste devant l'entrée du stade. Ouf ! Nous ne sommes pas en retard ! »
Avec ses chaussettes jaunes, on voyait Jean de loin, sur le stade ! Il ne joua pas très bien d'ailleurs ce jour-là. Et il était de très mauvaise humeur.
À la fin du match, il rangeait ses affaires dans son sac quand il trouva... ses chaussettes bleues !
« Les voilà, maman ! s'écria-t-il. Elles s'étaient cachées au fond du sac !
– Qui cherche trouve... dit sa mère en lui caressant doucement les cheveux. Où as-tu mis ta polaire ?
– Je ne sais pas ! Je ne la trouve pas !
– Ne me dis pas que tu l'as perdue ! Bon, on verra ça plus tard ! Maintenant, il faut y aller, j'ai plein de choses à faire. »

Jean suivit sa mère jusqu'à la voiture. Chemin faisant, la vieille chanson lui trottait dans la tête :

On s'aimera toujourrrrs !
Toujourrrrrrrrs !

Il se mit à la chantonner, ce qui agaça sérieusement sa maman.
« Arrête, ça m'énerve ! »
En montant dans la voiture, Jean sentit qu'il s'asseyait sur quelque chose de mou.
« Tiens, se dit-il, maman a mis un coussin. »
Il glissa la main sous son derrière et... surprise !
Ce n'était pas un coussin ! C'était... sa polaire !

« Maman, la polaire est là ! Je l'ai trouvée !
– Je préfère ça, Jean-qui-perd-tout ! Je te conseille de la mettre tout de suite car tu risques de prendre froid » dit sa maman, tandis qu'elle mettait le moteur en marche.
César le chien les attendait devant la maison.
« Je vais jouer à la balle avec César ! lança Jean, en sautant de la voiture. Où est la balle ?
– Ne me dis pas que tu l'as encore perdue ! s'impatienta sa maman. Tu l'avais ce matin !
– C'est peut-être le chien qui l'a cachée ! dit Jean. César, où as-tu mis la balle rouge ?
– Non ! C'est toi qui l'as égarée, Jean-qui-perd-tout ! » cria la mère de Jean en claquant la porte de la cuisine.
César avait l'air triste… horriblement triste.

Il avait perdu sa vivacité habituelle, son envie de jouer à mordiller les mollets de son petit maître. Comment lui redonner la joie de vivre ?
Jean poussa un soupir et s'assit dans un fauteuil pour regarder la télévision.
« Tiens, sur quoi je me suis assis ? s'exclama-t-il en se mettant subitement debout, comme un ressort. La balle ! Ta petite balle rouge est là, César ! Allons jouer dehors ! »
Et les deux inséparables s'amusèrent comme des fous dans le jardin. César avait retrouvé son entrain !
« Pouh ! Nous avons eu une journée mouvementée

annonça la mère de Jean, le soir, au dîner.
– Ah bon ? Rien de grave, j'espère ! dit son mari.
– Nous avons commencé par mettre la chambre de Jean sens dessus dessous car il avait perdu ses chaussettes bleues. Ensuite, sa polaire avait disparu ! Et pour finir, la balle de César s'était volatilisée !
– Décidément, on a raison de t'appeler Jean-qui-perd-tout ! dit son père.
– Oui... et non ! D'accord, il m'arrive d'égarer les choses, mais je les retrouve toujours ! Alors, vous pourriez aussi bien m'appeler
Jean-qui-trouve-tout !
– En tous cas, répliqua son père, peut-être peut-on t'appeler Jean-qui-a-toujours-raison !

Nina les pieds nus

Nina n'était pas une petite fille comme les autres : elle refusait de porter des chaussures. C'est pour cette raison que sa grand-mère l'appelait Nina les pieds nus !

Elle aimait marcher ainsi sur l'herbe fraîche du jardin, douce comme du velours. Elle adorait également sauter dans le sable et même se promener sur les gravillons du chemin. Les autres enfants auraient certainement crié que c'était inconfortable et qu'ils avaient mal.

Nina, elle, trouvait que ça lui faisait des chatouilles !

Les problèmes survinrent à la fin des vacances, quand elle dut quitter la campagne pour aller à l'école.

« Tu ne vas pas tout de même pas marcher pieds nus dans la rue ! disait grand-père.

– Les trottoirs sont sales ! ajoutait Tante Rose.

– Personne ne va en classe sans chaussures ! déclarait la maman de Nina.

– Non, non et non ! Je ne veux pas en mettre ! » hurlait la petite fille.

C'est vrai qu'à la maison, c'est si agréable de sentir la chaleur du tapis sous ses pieds, de glisser sur les marches bien cirées de l'escalier, de tournoyer sur le carrelage de la salle de bains… Toujours les pieds nus !

« Non, non et non ! Je ne veux pas mettre de chaussures ! Je ne les supporte pas ! » répétait-elle inlassablement.

Deux jours avant la rentrée, sa maman la conduisit chez le marchand de chaussures le plus luxueux de la ville.

« Nous trouverons peut-être quelque chose qui te conviendra !

– Cela m'étonnerait ! Je suis sûre que même des escarpins de princesse me feraient mal aux pieds ! » assura Nina.

Quelle merveille, ce magasin de chaussures ! Sur des montagnes de boîtes étaient exposés de jolis petits souliers vernis, des bottes

de peau veloutée, des mocassins et même d'adorables sandales à fleurs !
Nina regardait autour d'elle lorsqu'elle aperçut une paire de chaussures dans la vitrine. Rouge vif, avec des lacets et des pompons !
« Elles te plaisent ? demanda la vendeuse. Je vais te les faire essayer ! »
Quelques instants plus tard, elle revint avec une boîte.
« Elles sont très belles ! Parfaites pour une petite fille comme toi ! » dit-elle en retirant le couvercle.
Les jolies chaussures rouges étaient soigneusement enveloppées dans du papier de soie.
« Je… Je ne sais pas si…, commença Nina.
– Elles sont magnifiques ! » s'exclama sa mère.
Malheureusement, lorsque Nina tenta d'enfiler ses petits pieds dans les chaussures, ce fut impossible !

Les pieds de Nina se tordaient dans tous les sens, comme s'ils étaient enduits de savon !

« Je n'ai jamais vu une chose pareille ! s'écria la vendeuse. J'ai autre chose à vous proposer...

– Pas la peine ! coupa Nina, avec un petit sourire. Je savais que ça n'irait pas ... »

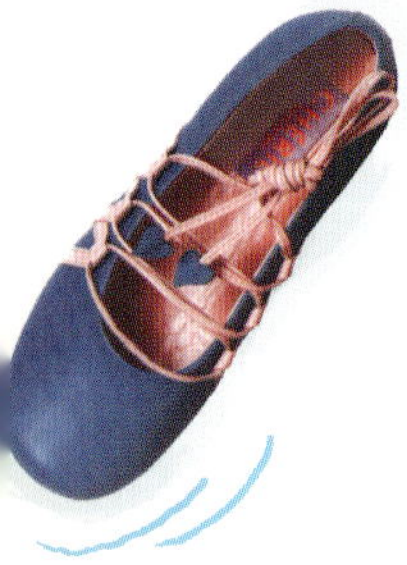

Elle consentit toutefois à essayer des chaussures montantes, sans doute solides, mais d'une tristesse ! À peine eut-elle enfilé son pied que la chaussure s'envola comme un papillon à travers la boutique !

« C'est impossible ! déclara la vendeuse. Cette enfant n'arrivera jamais à se chausser ! »

Le soir, très contente d'elle, Nina sautait pieds nus sur le plancher du séjour quand sa mère lui dit :

« Après-demain, c'est la rentrée ! Comment comptes-tu aller à l'école ?

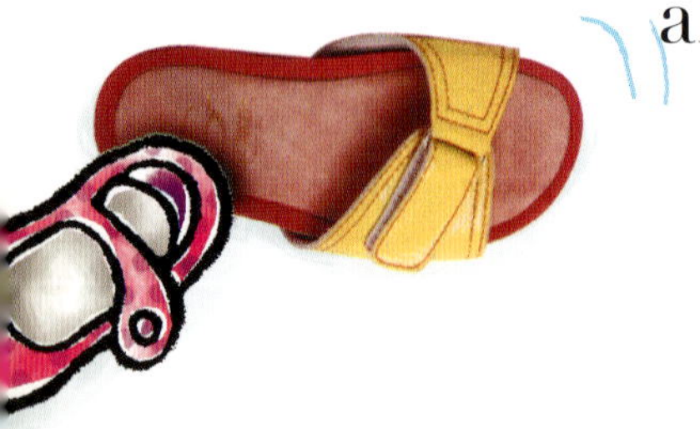

– Ne t'inquiète pas, maman ! J'irai les pieds nus et personne ne s'en apercevra ! Je les cacherai sous ma chaise ! »

À ce moment-là, on frappa à la porte. C'était grand-mère.

« Regarde ! Je t'ai apporté un cadeau ! Ouvre vite ! Je crois que ça va te plaire. »

Un peu méfiante, Nina ouvrit la boîte. Elle y découvrit des bottes en caoutchouc vert, avec, sur chacune, deux yeux ronds et une grande bouche. Alors, elle entendit une petite voix :

« Je t'en supplie, passe-nous à tes pieds ! Sinon, nous, les grenouilles, ne pourront plus jamais sauter !

– Je vais essayer ! » promit Nina, interloquée.

CRA
cra
CRa
cRa

Elle enfila les bottes sans aucune difficulté et hop, hop, hop ! Elle se mit à sauter à travers le salon.
« C'est incroyable ! s'exclama sa mère. C'est magique !
– Pas du tout ! corrigea Nina. C'est juste pour faire plaisir aux grenouilles ! »
Depuis, Nina va à l'école avec ses souliers bizarres.

Catherine a des manies

Catherine était minutieuse comme pas permis. Ses vêtements étaient toujours nets et bien pliés, ses chaussures brillaient comme des pommes et ses cheveux étaient tout le temps correctement coiffés et lisses. Pour être aussi impeccable, Catherine faisait en sorte de ne pas s'asseoir par terre et de ne pas marcher dans la boue. De plus, elle veillait à ne pas avoir la tête en plein vent et à ne pas se faire de tache à table.
« Tu es bizarre comme fille ! lui dit un jour son ami Victor, qui était en train de boire son jus de fruits avec une paille.

– Mais qu'est-ce que tu fais, espèce de malpoli ? s'insurgea Catherine. Tu ignores qu'il ne faut pas boire comme ça ? Ça ne se fait pas !

– Ah bon ? C'est interdit ? Hé bien moi, je le fais quand même ! Glou ! glou ! glou ! Tu veux essayer ?

– Certainement pas ! Maman dit qu'il ne faut pas faire de bruit en buvant ! Et puis, boire dans le verre des autres, quelle horreur !

– Comment, quelle horreur ? Je ne suis pas malade ! Vraiment, quand je disais que tu étais bizarre, je ne me trompais pas ! » conclut Victor, en s'éloignant avec son verre.

Le lendemain, Catherine jouait au jeu de construction avec Marie :

« Enfin, Marie ! Ne t'assieds pas par terre, tu vas salir ta jolie jupe ! »

Marie ne lui prêta pas attention car la tour qu'elle venait de construire menaçait de s'écrouler.

« Attention, elle va dégringoler ! » cria Marie, en cherchant à retenir la colonne de briquettes.
Patatras ! La tour s'effondra aux pieds de Catherine.
« C'est une catastrophe ! hurla celle-ci, indignée.
– Il ne faut rien exagérer ! Ce n'est qu'un tas de briques en plastique ! » dit Marie en souriant.
Catherine s'éloigna en haussant les épaules.
Au menu de la cantine, il y avait du riz parsemé de persil. Catherine entreprit de retirer les petits brins verts un à un.
« Quelle horreur ! Je ne supporte pas le persil ! » grommela-t-elle.

Personne n'osa lui demander si elle en avait déjà goûté…
L'après-midi, la maîtresse invita les enfants à faire la ronde.
« Catherine, prends Ambre et Pierre par la main.
– Ah, non alors ! s'écria la petite fille, ils ont les mains trop sales ! »
Et elle alla bouder dans un coin. Habitués à ses caprices, les enfants reprirent leur danse. La maîtresse décida, elle aussi, de ne pas s'occuper de la petite boudeuse. Elle la laissa dessiner toute seule au fond de la classe.
Occupés à jouer, à faire des cabrioles sur les matelas du gymnase ou à ramasser des feuilles sèches dans la cour, l'après-midi passa à toute vitesse pour les élèves.
En revanche, Catherine eut l'impression qu'il ne se terminerait jamais.
Les enfants se préparaient à rentrer chez eux quand Catherine s'approcha de la maîtresse et lui murmura, avec une toute petite voix :
« Demain, on fera encore la ronde ?

– Je pense que oui ! répondit la maîtresse. Tes camarades se sont si bien amusés.

– Moi aussi, je la ferai ! chuchota Catherine en baissant les yeux.

– Comment vas-tu t'y prendre, si tes camarades ont les mains sales ?

– J'ai réfléchi… Je vais apporter du savon… Je pourrai me laver les mains après avoir dansé.

– Excellente idée ! Tu pourras même prêter ton savon à tes amis ! »

Catherine ne répondit pas. En secret,

elle espérait que ses camarades n'useraient pas tout son savon qui sentait si bon… Mais cela valait la peine d'essayer.

Le lendemain, Catherine était folle de joie en faisant la ronde mais, quand arriva l'heure de manger…

« Quelle horreur ! Des petits pois ! Je ne supporte pas les légumes verts ! » ne put-elle s'empêcher de crier.

Puis, voyant que ses amies avaient l'air de se régaler, elle se ravisa :

« Bon, je vais tout de même goûter, pour une fois. Après tout, ce n'est peut-être pas si mauvais ! Et puis, il paraît que ça fait grandir. »

Depuis ce jour, Catherine mange des petits pois et du persil. Elle a aussi réussi à se débarrasser de ses manies !

Chouette, la chouette !

Bruno était un garçon sympathique : il adorait ses amis, le foot et le chocolat blanc. En revanche, il détestait aller se coucher. Il trouvait toutes sortes d'excuses au moment où il fallait éteindre la lumière.

« J'ai faim ! » disait-il.
Ou bien :
« J'ai soif ! »
Ou encore :
« J'ai mal à un œil ! Regarde, maman, je ne peux pas le fermer ! »
Tout ça pour retarder le moment de dormir !
« Veux-tu que je te lise une histoire ? proposait sa maman, en s'asseyant près de lui.
– Oh oui ! Super ! Laisse-moi choisir !
– Non, c'est moi ! »
Et chaque soir, c'était la même chose : fatiguée par sa journée de travail, elle lisait une toute petite histoire de trois minutes...
Bruno faisait des bonds sur son lit et hurlait :

« Encore ! Encore ! Recommence, maman ! »
Et il en était ainsi tous les jours, ou plutôt, tous les soirs. Toutes les excuses étaient bonnes pour retarder l'heure du coucher, même quand Tante Lucie séjournait à la maison.
« Non, non et non ! Je ne veux pas aller au lit !
J'ai faim ! » disait-il.
Ou bien :
« J'ai soif ! »
Pour rien au monde, Bruno n'aurait avoué la vérité : il avait peur dans le noir.

Tante Lucie lui dit un soir : « Tu es une véritable chouette ! » Elle ouvrit un livre et lui montra un oiseau aux grands yeux ronds que Bruno trouva très laid.
« La chouette est un rapace nocturne, commença Tante Lucie. Comme toi, elle ne dort pas la nuit. Et, pour se nourrir, elle chasse les petits animaux comme les rats, les lapins ou les taupes.
– Je ne suis pas une chouette ! protesta le garçon. Et puis j'aime les lapins ! » dit-il en serrant contre lui Arthur, son lapin en peluche. Il consentit cependant à aller se coucher.
« Alors ? Bruno-la-chouette a-t-il bien dormi ? demanda Tante Lucie, le lendemain matin.
– Non ! Et à cause de toi. Tu m'as fait très peur avec ton histoire de chouette qui mange les lapins !

– Mais pas les lapins en peluche, voyons ! »
Bruno n'était pas convaincu. Le soir, au moment d'aller au lit, sa tante entra dans sa chambre avec un rouleau de papier sous le bras.
« Bruno, dit-elle à voix basse, je sais que tu as peur du noir. Je t'ai amené quelqu'un qui va t'aider. »
Et elle déroula le papier. C'était un poster représentant une chouette !

Tante Lucie l'accrocha au-dessus du lit du garçon.

« Voilà ! Maintenant, tu peux éteindre la lumière. La chouette va veiller sur ton sommeil. »

Resté seul, Bruno installa son lapin en peluche près de lui. Puis, se tournant vers le poster, il dit tout bas :

« Madame la chouette, vous qui passez la nuit à regarder ce qui se passe autour de vous, s'il vous plaît, montez la garde près de mon lit ! »

Il éteignit la lumière sans trembler cette fois, et s'endormit paisiblement.

Le matin, à son réveil, la chouette était toujours là, juste au-dessus de Bruno. Il lui sembla qu'elle clignait de l'œil, comme pour dire :
« Alors, petit homme, on a fait de beaux rêves ? »

Bruno se précipita dans la cuisine :
« Tante Lucie, j'ai super bien dormi cette nuit, et Arthur aussi, grâce à la chouette ! J'ai même éteint la lumière ! Tu me la laisses, dis ? »
Et voilà. Il suffit parfois d'un oiseau en papier pour que les fantômes de la nuit laissent les enfants dormir en paix.

Jean l'escargot

« Paul Dubois !
– Présent !
– Philippe Martin !
– Présent !
– Louise Dupont !
– Présente !
– Jean Meunier ! »
Personne ne répondit.
« Jean Meunier ! répéta la maîtresse.
– Il arrive ! dit un élève. Je l'entends dans l'escalier !

– Toujours en retard, celui-là ! Nous allons l'appeler Jean l'escargot ! » déclara la maîtresse.
Jean trouva le surnom à son goût. Pour se justifier, il répétait le célèbre proverbe : « Qui veut voyager loin ménage sa monture. »
Ce jour-là, il y avait des frites à la cantine. Impatients de se faire servir, tous les enfants tendaient leur assiette en ouvrant de grands yeux gourmands. Tous, sauf...
Philippe s'inquiéta :
« Mademoiselle, Jean n'est pas là ! Pourtant, il y a des frites !
– C'est vrai, ça ! Jean ! Jean l'escargot ! appela la maîtresse.
– J'arrive, madame ! J'étais en train de me laver les mains.
– Depuis tout ce temps ? Allons, dépêche-toi, sinon tu risques de retourner en classe le ventre vide ! »
C'était ainsi. Jean l'escargot prenait toujours son temps.

Lorsqu'il rentrait à la maison, son petit frère Louis le pressait d'aller s'amuser avec lui :
« Dépêche-toi de goûter ! criait-il en sautillant autour du garçon. Ensuite, nous irons jouer au ballon dans le jardin !
– Du calme ! Laisse-moi manger en paix ! Si tu es pressé, vas-y. Je te rejoindrai quand j'aurai terminé. »
Et Jean dégustait tranquillement sa pomme avec la lenteur d'une tortue !
Sa maman s'impatientait :
« Dépêche-toi, trésor ! Louis t'attend ! Tu sais que je n'aime pas que ton petit frère soit tout seul dans le jardin. Et tu n'as même pas encore lacé tes chaussures !
– Oui ! Oh là là ! J'arrive…

Ce jour-là, lorsqu'il descendit enfin au jardin, son petit frère avait disparu.
« Louis, où es-tu ? » appela-t-il en s'asseyant sous un arbre.

Aucune réponse. Jean ne s'inquiéta pas pour autant. Louis avait dû perdre patience et rentrer à la maison.
« Tant mieux, se dit Jean l'escargot, je vais pouvoir faire une petite sieste à l'ombre. »
Une bonne heure plus tard, Louis réapparut en courant. En sueur, il dit à son frère :
« Jean, tu as raté une sacrée partie de foot !
Qu'est-ce qu'on a rigolé ! »
Jean fit semblant de se mettre en colère car son frère avait disparu sans rien dire. Mais, dans le fond, il était assez content d'avoir eu la paix pendant un bon moment.

Le dimanche suivant, les parents des garçons décidèrent de faire un pique-nique au Bois Joli. Jean mit son ballon dans son sac, avec la ferme intention de faire quelques tirs au but avec ses chaussures neuves.
Quelle animation dans le parc ! Des mamans, des papas, des bébés dans les poussettes, des enfants à bicyclette, en roller…
Jean s'amusait à faire rebondir la balle d'un pied à l'autre, sans qu'elle ne touche terre, quand soudain… Vlan ! Un coup de pied plus fort que les autres envoya le ballon loin, derrière des buissons. Jean ordonna à son petit frère d'aller le chercher. Mais celui-ci répondit :
« Pas question ! C'est toi qui l'as lancé, c'est toi qui vas le récupérer ! »
Jean se leva lentement en poussant un soupir de résignation et se dirigea à petits pas vers l'endroit où le ballon était tombé.

Mais là, à côté du ballon, était posté un chien énorme. Jean hésita et fit demi-tour. Tant pis pour le ballon ! Il se mit à courir le plus vite possible car le chien le suivait en aboyant furieusement.

Lorsqu'il sentit l'haleine chaude de l'animal sur ses mollets, Jean l'escargot accéléra encore, et encore… L'escargot s'était transformé en cheval de course ! Enfin, le chien abandonna la poursuite.

« Pourquoi cours-tu aussi vite ? demanda la maman de Jean, toute étonnée.

– Je… je m'entraîne, répondit le garçon en jetant un coup d'œil par-dessus son épaule. J'ai décidé qu'on m'appellerait dorénavant Jean-le-garçon-le-plus-rapide-de-la-Terre. »

La petite rapporteuse

Sandra aime beaucoup l'école et elle est toujours gaie en arrivant en classe. Mais, tous les élèves savent bien que, sous son grand sourire, leur camarade cache une affreuse manie : celle de les surveiller et de leur donner des ordres avant l'arrivée de la maîtresse.
« Pierre, essuie le tableau ! Julie, vide la poubelle ! Charles, range les chaises et les tables ! »
Gare à celui ou à celle qui ne lui obéirait pas immédiatement ! Sandra la rapporteuse va vite le dire à la maîtresse.

Ce jour-là, à la récréation, Pauline avait posé son goûter sur sa table. C'était une succulente part de tarte à la fraise que lui avait préparée sa grand-mère. Philippe jetait des coups d'œil pleins d'envie sur le gâteau. Pendant que Pauline rangeait ses crayons de couleur… hop ! il déroba une petite fraise.
« Voleur ! cria Sandra. Pauline, Philippe vient de te voler un morceau de gâteau ! Je l'ai vu !
– Oui, je sais ! répondit Pauline. Ce n'est pas bien grave. Tu veux le goûter, toi aussi ? »
Surprise par cette réponse, Sandra baissa les yeux et tourna les talons.
« Sandra, dit la petite Martine, on fait un concours de saut à la corde ? La première qui arrive à 100 a gagné. D'accord ? »

Sandra commença à sauter, tout en comptant à voix haute :
« 1, 2, 3, 4... »
Elle arrivait à 60, quand... Driiing ! La récréation était terminée.
Sandra hésita un instant, puis continua de sauter tout en comptant d'une manière, disons... un peu spéciale :
« 61, 62, 70, 75, 86, 90, 98, 99, 100 !
– Bravo Sandra ! Tu as gagné ! » crièrent en chœur ses camarades.

Martine s'approcha de Sandra et lui murmura à l'oreille :
« Tu as triché !
– Ce n'est même pas vrai ! Tu es une menteuse ! Je vais le dire à la maîtresse !

– Si, tu as triché tout le temps ! Je n'ai rien dit aux autres, parce que moi, je ne suis pas une rapporteuse. Mais tout de même… »
Songeuse, Sandra suivit ses camarades dans la classe.
« Sandra, veux-tu lire à haute voix le texte de la page 12 ? » demanda la maîtresse.
C'était l'histoire d'un enfant qui se promène dans la forêt avec son grand-père. Le vieil homme fait une chute et se blesse.
Son petit-fils court jusqu'au village voisin pour chercher du secours. Grâce à son courage, le blessé est sauvé.
« Quelle belle histoire ! s'exclama Pauline.
– Oui ! dit la maîtresse. Et vous, avez-vous déjà porté secours à quelqu'un ? » demanda-t-elle, en interrogeant les élèves du regard.

Sandra leva le doigt et s'exclama :
« Aujourd'hui, j'ai essayé de rendre un service à Pauline, mais elle a refusé !
– Elle n'avait peut-être pas besoin de ton aide...
– C'est possible... »
Puis Sandra, s'adressa à Martine :
« Par contre, toi, Martine, tu m'as beaucoup aidée tout à l'heure !
– N'en parlons plus, dit Martine. Si tu considères cela comme un service, j'en suis très contente. »

Depuis, Sandra ne rapporte plus et ne triche plus. Maintenant, tout le monde est ami avec elle.

Nicolas le vantard

Philippe était content car son nouvel ami Nicolas venait passer l'après-midi chez lui. Ils joueraient tous les deux dans le jardin. Il avait préparé sa bicyclette et tous ses jouets favoris. Il était impatient de lui montrer le vaisseau spatial qu'il avait fabriqué avec son jeu de construction. Nicolas serait sûrement étonné !
Driing !
Philippe jeta un coup d'œil par la fenêtre de sa chambre. C'était Nicolas.
« Bonjour madame, lança la maman de Nicolas joyeusement, tout en serrant la main de la mère de Philippe. Je vous laisse Nicolas. Vous êtes sûre que cela ne vous dérange pas ? J'espère qu'il sera

sage et qu'il ne fera pas de bêtises !
– Mais non, ne vous inquiétez pas ! Philippe, descends ! appela sa maman. Ton ami est là ! »
Philippe dévala l'escalier en serrant soigneusement son vaisseau spatial contre lui pour qu'il ne parte pas en morceaux. Il salua les nouveaux arrivants et la maman de Nicolas s'en alla.

Comme Philippe était fier de son astronef ! Comme il avait hâte de faire admirer son œuvre à son invité ! Debout au milieu de l'entrée, Nicolas ne semblait pas impressionné le moins du monde...

« Ah ! C'est quoi ce que t'as fait ? Tu as construit quelque chose...

– Ben, c'est un vaisseau spatial...

– Moi, un jour, j'en ai fait un gigantesque ! Il était si grand que je n'arrivais même pas à le transporter ! Dans le quartier, tout le monde s'en souvient ! »

En entendant ces mots, Philippe fut très déçu. Ainsi, son astronef n'avait rien d'extraordinaire... La mère de Philippe les appela pour le goûter.

« Tu sais, mon vaisseau était si extraordinaire que tout le monde venait le voir ! poursuivit Nicolas. Même mon cousin Charles !
– Prenons notre tartine et allons jouer dans le jardin ! proposa Philippe, pour changer de conversation. Je vais te montrer mon nouveau vélo ! Il a cinq vitesses et deux amortisseurs ! »
Nicolas le suivit, les mains dans les poches, l'air pas très convaincu.
« Mouais, si tu veux… »

Après avoir jeté un regard distrait sur le vélo, Nicolas dit :
« C'est ça, ton engin ? Moi, j'en ai essayé un avec sept vitesses et des grandes roues !
– Super ! s'exclama Philippe, plein d'admiration. Et tu as réussi à passer toutes les vitesses ? C'était difficile, non ?
– Moins difficile que le jour où j'ai descendu une piste noire en ski avec mon père ! J'y suis arrivé sans problème !
– Alors, tu veux l'essayer, mon vélo ? proposa Philippe.
– Non, non ! J'ai pas envie ! dit Nicolas en s'asseyant sur la balançoire. Un autre jour, peut-être.
– Et ton avion, il vole ? demanda Nicolas, les yeux fixés sur le jouet posé sur la table du jardin.

– Bien sûr ! Tu vas voir ! »
Ravi, Philippe monta sur une chaise et lança l'avion de toutes ses forces. L'engin s'éleva dans les airs puis perdit de l'altitude et alla terminer sa course dans les branches d'un arbre.
« On a de la chance ! dit Philippe. Il s'est posé dans le pêcher ! Allons le récupérer !
– C'est pas très haut. Moi, un jour, je suis monté sur le plus grand cèdre du parc ! De là-haut, on domine toute la ville ! »
Ainsi, Nicolas passa tout l'après-midi à dire qu'il était courageux, qu'il courait vite, qu'il savait plonger de cinq mètres de haut, qu'il connaissait des histoires drôles…
Philippe l'écoutait mais il finit par trouver son discours ennuyeux. Et il se demandait si Nicolas savait vraiment faire toutes ces choses extraordinaires.

« Tu t'es bien amusé avec ton ami ? lui demanda son père, le soir, à table.

– Oui ! Je lui ai montré mon vaisseau spatial, mon vélo… Après, j'ai lancé mon avion et j'ai grimpé dans le pêcher pour le récupérer.

– Et Nicolas, qu'est-ce qu'il a fait ?

– Pas grand-chose ! Mais il m'a raconté des histoires extraordinaires ! Il m'a dit avoir construit un astronef tellement grand que…

– Qu'il n'arrivait pas à le transporter !

– Comment tu as deviné ? Il m'a dit aussi qu'il avait essayé un vélo à sept vitesses ! Et puis qu'il avait grimpé sur un arbre géant ! »

Le papa de Philippe lui expliqua que Nicolas exagérait peut-être un peu :
« Il fait cela pour t'impressionner. Je vais te donner un truc : la prochaine fois qu'il se vante, montre-lui que tu ne le crois pas. »
Le lendemain, Nicolas parla à nouveau de la fameuse bicyclette à sept vitesses…
« Tu dois être très doué, coupa Philippe. Montre-moi comment tu roules ! »
Alors, tout rouge, Nicolas lui murmura à l'oreille :
« Écoute, je dois t'avouer quelque chose. Je ne sais pas faire de vélo mais s'il te plaît, ne le dis à personne.
– Je t'apprendrai, dit Philippe. Comme ça, on pourra s'amuser. »

Depuis ce jour, Nicolas ne s'est plus jamais vanté !

Pierre la tornade

« Pierre arrive ! Sauve qui peut ! »
Dans la maison, c'était l'alerte générale : André attrapa au passage ses animaux en peluche et sa ferme puis grimpa l'escalier quatre à quatre. Victoria habilla à la hâte sa poupée Mathilde. Georges cacha sa jeep radiocommandée dans l'armoire et Frank ferma son livre puis le glissa sous un coussin.

Pierre marchait dans le couloir. Il ouvrit la porte et la claqua derrière lui en se dirigeant vers ses cousins.
« Je viens jouer avec vous ! dit-il. Je serai le chef et vous devrez me construire un château ! »
Les cousins échangèrent un regard consterné : ils avaient oublié de cacher la belle tour qu'ils venaient de bâtir avec leur jeu de construction ! Attention à la catastrophe ! Victoria retint sa respiration.
D'un coup de pied, Pierre brisa la tour en mille morceaux. Personne ne dit rien. André détourna le regard, Georges ramassa les pièces qui étaient tombées à ses pieds et Frank mit les mains dans ses poches, très en colère.
D'une voix autoritaire, Pierre dit en renversant les briquettes qui étaient encore dans leur boîte :
« Allez ! Commencez ! Voici les matériaux pour construire le château. »

Comme à son habitude, il ne regardait jamais ses cousins en face. Et ces derniers ne savaient pas trop comment s'y prendre pour refuser de jouer avec lui. Pierre la tornade était comme une bombe toujours prête à exploser.
Le lendemain, pour le goûter d'anniversaire de Victoria, il arriva le dernier, vêtu d'un magnifique costume de pirate. Voyant que les invités ne l'admiraient pas assez, il fit exprès d'écraser la queue de sirène du déguisement de Victoria. Presque toutes les écailles brillantes se détachèrent et tombèrent sous les bottes du garnement.

Comme si de rien
n'était, Pierre prit la
petite sirène par le bras…
« Où sont les cadeaux ?
demanda-t-il. Je voudrais
déposer le mien avec les autres… »
Mais, devant la table réservée aux cadeaux, il ne
put résister à l'envie de les ouvrir…

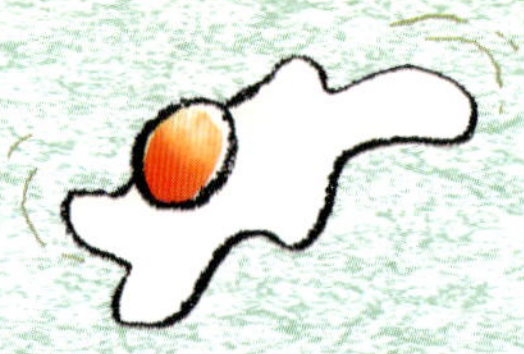

En quelques minutes, la poupée qui parle ressemblait à un perroquet à la voix grippée, le jeu de cartes jonchait le plancher et le livre de magie était à moitié déchiré.
En voyant ce carnage, Victoria éclata en sanglots. Son costume et ses cadeaux étaient fichus !
« Le pirate a bien travaillé, à ce que je vois ! s'exclama le père de Victoria en arrachant la poupée des mains de Pierre.
– Moi ?
– Je ne vois pas d'autre pirate à cette fête ! Tu es une véritable tornade, mon pauvre garçon ! Je crois qu'on peut vraiment t'appeler Pierre la tornade !
– Non, je suis Pierre tout court ! protesta le garçon, l'air fâché.
– La fête se déroulait bien avant ton arrivée. Veux-tu m'aider à ce qu'elle se poursuive dans la joie et la bonne humeur ?

– Moi ? Ben… oui !
– Bon allez ! On va faire la course à l'œuf. Qui veut commencer avec Pierre ? demanda le papa de Victoria en désignant un panier plein d'œufs et quelques cuillères.
– Moi ! dit Georges en s'avançant dans son beau costume d'ours.
– Chacun de vous doit courir avec une cuillère à la bouche, dans laquelle un œuf sera en équilibre. Lorsque vous franchirez la ligne d'arrivée, vous pourrez prendre délicatement l'œuf et le mettre dans le panier.

Celui qui laisse tomber son œuf retourne à la ligne de départ et recommence. Le gagnant est celui qui aura mis le moins de temps. Prêts ? Partez ! »
Pierre n'était même pas arrivé au milieu du parcours qu'il laissa tomber son œuf sur ses bottes. Pendant ce temps, Georges avait franchi la ligne d'arrivée.
« Bravo Georges ! Tu as gagné ! » crièrent les petits invités.
Pierre s'empara d'un autre œuf, mais patatras ! Cette fois, l'œuf finit sur le tapis !
Tour à tour, les enfants réussirent leur performance, sauf… Pierre !

Le soir, avant de rentrer chez lui, Pierre s'approcha du papa de Victoria, l'air triste.

« Pierre la tornade a tout raté, aujourd'hui ! dit-il, confus. La prochaine fois, j'essaierai d'être plus calme et plus sage... Alors, peut-être qu'on m'appellera Pierre le gentil ! »

Quel gourmand, ce Léo !

Léo avait un grand défaut : il était très gourmand !
Son cartable était toujours bourré de sucreries. Il n’arrêtait pas de manger, même en classe ! Il arborait d’ailleurs un joli petit bedon bien rond !
Richard, son meilleur ami, qui lui était tout mince, rendait constamment service à Léo : il lui portait son cartable, retirait les emballages de ses gâteaux et lui ouvrait la porte. Incroyable, n’est-ce pas ?
Tous ses camarades savaient que Léo transportait dans son cartable un véritable magasin de bonnes choses. Certes, c’était absolument mauvais pour la santé mais si appétissant !

Ce jour-là, son cartable était particulièrement gonflé.
Comme d’habitude, les enfants se bousculaient autour de

lui dans l'espoir d'avoir quelque sucrerie. En vain. Léo ne partageait jamais. Quand la cloche sonna, il avait déjà ingurgité la moitié de ses provisions ! Et une fois en classe…

Scrountch ! Scrountch !

« Léo, ça suffit ! Arrête de manger ! cria la maîtresse. Attends la récréation pour ça ! »

Pendant quelques instants, Léo écouta la leçon puis recommença son manège avec un sachet de bonbons. La maîtresse cria de nouveau et ainsi de suite. Cela dura toute la matinée.

« Tu m'en donnes un, dis ? demanda Valérie, la plus jolie des filles de la classe.

– Impossible ! Presque toutes mes provisions sont là-dedans ! répondit Léo en se frottant l'estomac. Ce qui reste, c'est pour Richard ! »

C'était totalement faux ! Richard ne grignotait jamais ! Il n'y pensait même pas ! Ce passionné de foot avait autre chose en tête : dès qu'il avait un moment, il tapait dans un ballon et, s'il n'y en avait pas, il shootait dans une poubelle !
Donc, ce jour-là, Léo avait presque ingurgité la totalité de ses friandises. De retour en classe après la récréation, il commença à se tortiller sur sa chaise, comme un éléphant sur un tabouret. Il transpirait à grosses gouttes, se frottant le ventre et le visage… D'ailleurs, son visage prenait une couleur inquiétante, entre le jaune et le vert ! Richard, qui le connaissait mieux que quiconque, alerta la maîtresse.

« Madame, Léo ne va pas bien ! Il a une drôle de tête ! »
À cet instant, Léo se leva précipitamment et fila à toute vitesse vers les toilettes. Richard lui emboîta le pas, et la maîtresse aussi.
Dans la classe régnait une grande agitation.
« Il va falloir appeler une ambulance et l'emmener à l'hôpital ! dit Lucie, très inquiète. Il va mourir !
– Mais non ! rétorqua Mattéo. Il a mangé trop de cochonneries, c'est tout ! Une bonne tisane et tout rentrera dans l'ordre !
– S'il en donnait un peu aux autres aussi, ça n'arriverait pas ! » dit Clara.
La maîtresse et la directrice de l'école firent irruption dans la classe et se dirigèrent vers le bureau de Léo. En dessous, gisaient les restes de son goûter. La maîtresse ramassa un sachet de chips, un autre de pop-corn, des papiers de

bonbons, un paquet de biscuits pur beurre et même un trognon de pomme !

« Inutile de chercher plus loin, dit-elle. C'est une indigestion ! Il n'est pas étonnant qu'il se sente mal avec tout ça dans l'estomac ! »

Tous les élèves éclatèrent de rire.

« Ce n'est pas drôle ! intervint la directrice, l'air sévère. Vous voyez où peut conduire la gourmandise ? »

Pendant quelques jours, Léo ne vint pas à l'école. Richard, qui lui apportait les devoirs tous les soirs, donnait des nouvelles du malade à ses camarades.

« Le pauvre, il ne mange que de la soupe ! »

Quand Léo retourna en classe, il avait un peu maigri. Son cartable aussi, d'ailleurs !
« Mon estomac a pris des vacances ! annonça-t-il. Je me sens mieux comme ça. Je crois que je mangeais un peu trop. Et puis, j'ai décidé de faire du sport. Richard a accepté de m'entraîner et je vais m'inscrire au club de foot. Tenez, pour fêter ça, je vous offre mes derniers biscuits ! »

Incroyable, non ?

INDEX